화엄경 제74권 (입법계품 39-15) 해설

제74권에는 묘덕원만신의 선혜지이다.

선재동자가 룸비니 숲에 이르러 묘덕원만신을 찾아보니 일체보수장엄누각 가운데 연화사자좌에 앉아 20억 나유타의 제천들께 수생해경을 설하다가 선재를 보고 보살10종 수행장에 대하여 설해주었다.

"① 부처님께 항상 공양을 올리고자 태어나는 것이고
② 보리심을 내기 위해 태어나며
③ 법문을 관찰하고 부지런히 행을 닦기 위해 태어나고
④ 청정한 마음으로 태어나며
⑤ 평등광명으로 태어나고
⑥ 여래의 가문에 태어나며
⑦ 불력광명으로 태어나고
⑧ 지혜의 몸으로 태어나며
⑨ 널리 장엄을 나투고자 태어나고
⑩ 여래의 지위에 들어가고져 태어난다.

이렇게 열 가지 법을 갖추고 태어나는 이는 세간의 청정한 광명이 된다. 그러므로 나는 오랜 세월 원을 세워 보살이 태어날 적 마다 친근하기를 바라고 비로자나여래께서 오실 때 마다 때에 맞추어 나는 그들이 부리는 신통변화를 보았다.

첫째 천용8부의 보호를 받고
둘째 마야부인의 배 속에서 3천대천세계를 보고
셋째 성모의 털구멍에서 보살들을 보고

넷째 전생의 세계와 도시를 보고
다섯째 보살도 닦을 때의 모습을 보고
여섯째 난행고행의 구도를 보고
일곱째 국토와 숲 동산을 보고
여덟째 보배궁전을 보고
아홉째 보살들의 찬탄을 보고
열째 금강좌에서 연꽃이 솟아 난 것을 보았다.

묘적원만신은 다시 이것을 게송으로 읊고 이렇게 여러 보살들이 방편으로 태어나 중생을 교화하는 것을 구체적으로 알려면 가필라성중에 들어가 구바아가씨를 만나보라 안내해 주었다.

入法界品 第三十九之一
입법계품 제삼십구지일

十五
십오

爾時善財童子於大願精
이시선재동자어대원정

進力救護一切衆生夜神所
진력구호일체중생야신소

得菩薩解脫已憶念修習了
득보살해탈이억념수습요

達增長漸次遊行至嵐毘尼
달증장점차유행지람비니

林周徧尋覓彼妙德神見在
림주변심멱피묘덕신견재

사경의 공덕은 십만억 부처님께 공양한 것과 같은 공덕이 있습니다.

一切寶樹莊嚴樓閣中坐寶
일체보수장엄누각중좌보
蓮華師子之座二十億那由
련화사자지좌이십억나유
他諸天恭敬圍遶爲說菩薩
타제천공경위요위설보살
受生海經令其皆得生如來
수생해경령기개득생여래
家增長菩薩大功德海善財
가증장보살대공덕해선재
見已頂禮其足合掌前立白
견이정례기족합장전립백
言大聖我已先發阿耨多羅
언대성아이선발아누다라

三藐三菩提心而未能知菩
薩云何修菩薩行生如來家
爲世大明彼神答言善男子
菩薩有十種受生藏若菩薩
成就此法則生如來家念念
增長菩薩善根不疲不懈不
厭不退無斷無失離諸迷惑

不生怯劣惱悔之心趣一切
(불생겁렬뇌회지심취일체)

智入法界門發廣大心增長
(지입법계문발광대심증장)

諸度成就諸佛無上菩提捨
(제도성취제불무상보제사)

世間趣入如來地獲勝神通
(세간취입여래지획승신통)

諸佛之法常現在前順一切
(제불지법상현재전순일체)

智眞實義境
(지진실의경)

何等爲十一者願常供養
(하등위십일자원상공양)

一切諸佛受生藏二者發菩
提心受生藏三者觀諸法門
勤修行受生藏四者以深淨
心普照三世受生藏五者平
等光明受生藏六者生如來
家受生藏七者佛力光明受
生藏八者觀普智門受生藏

사경의 공덕은 십만억 부처님께 공양한 것과 같은 공덕이 있습니다.

九(구)者(자)普(보)現(현)莊(장)嚴(엄)受(수)生(생)藏(장)十(십)者(자)
入(입)如(여)來(래)地(지)受(수)生(생)藏(장)
善(선)男(남)子(자)云(운)何(하)名(명)願(원)常(상)供(공)養(양)
一(일)切(체)佛(불)受(수)生(생)藏(장)善(선)男(남)子(자)菩(보)薩(살)
初(초)發(발)心(심)時(시)作(작)如(여)是(시)願(원)我(아)當(당)尊(존)
重(중)恭(공)敬(경)供(공)養(양)一(일)切(체)諸(제)佛(불)見(견)佛(불)
無(무)厭(염)於(어)諸(제)佛(불)所(소)常(상)生(생)愛(애)樂(락)常(상)

起深信修諸功德恒無休息
기심신수제공덕항무휴식
是爲菩薩爲一切智始集善
시위보살위일체지시집선
根受生藏云何名發菩提心
근수생장운하명발보리심
受生藏善男子此菩薩發阿
수생장선남자차보살발아
耨多羅三藐三菩提心所謂
뇩다라삼먁삼보리심소위
起大悲心救護一切衆生故
기대비심구호일체중생고
起供養佛心究竟承事故起
기공양불심구경승사고기

普求正法心一切無悋故起 (보구정법심일체무린고기)
廣大趣向心求一切智故起 (광대취향심구일체지고기)
慈無量心普攝衆生故起不 (자무량심보섭중생고기불)
捨一切衆生心被求一切智 (사일체중생심피구일체지)
堅誓甲故起無諂誑心得如 (견서갑고기무첨광심득여)
實智故起如說行心修菩薩 (실지고기여설행심수보살)
道故起不誑諸佛心守護一 (도고기불광제불심수호일)

사경의 공덕은 십만억 부처님께 공양한 것과 같은 공덕이 있습니다.

善 선	名 명	是 시	菩 보	菩 보	心 심	切 체
男 남	觀 관	爲 위	提 리	薩 살	盡 진	佛 불
子 자	諸 제	菩 보	心 심	以 이	未 미	大 대
此 차	法 법	薩 살	功 공	如 여	來 래	誓 서
菩 보	門 문	第 제	德 덕	是 시	化 화	願 원
薩 살	勤 근	二 이	故 고	等 등	衆 중	故 고
摩 마	修 수	受 수	得 득	佛 불	生 생	起 기
訶 하	行 행	生 생	生 생	刹 찰	不 불	一 일
薩 살	受 수	藏 장	如 여	微 미	休 휴	切 체
起 기	生 생	云 운	來 래	塵 진	息 식	智 지
觀 관	藏 장	何 하	家 가	數 수	故 고	願 원

사경의 공덕은 십만억 부처님께 공양한 것과 같은 공덕이 있습니다.

一切法門海心起迴向一切
일체법문해심기회향일체

智圓滿道心起正念無過失
지원만도심기정념무과실

業心起一切菩薩三昧海淸
업심기일체보살삼매해청

淨心起修成一切菩薩功德
정심기수성일체보살공덕

心起莊嚴一切菩薩道心起
심기장엄일체보살도심기

求一切智大精進行修諸功
구일체지대정진행수제공

德如劫火熾然無休息心起
덕여겁화치연무휴식심기

사경의 공덕은 십만억 부처님께 공양한 것과 같은 공덕이 있습니다.

修(수) 普(보) 賢(현) 行(행) 教(교) 化(화) 一(일) 切(체) 衆(중) 生(생) 心(심)
起(기) 善(선) 學(학) 一(일) 切(체) 威(위) 儀(의) 修(수) 菩(보) 薩(살) 功(공)
德(덕) 捨(사) 離(리) 一(일) 切(체) 所(소) 有(유) 住(주) 無(무) 所(소) 有(유)
眞(진) 實(실) 心(심) 是(시) 爲(위) 菩(보) 薩(살) 第(제) 三(삼) 受(수) 生(생)
藏(장) 云(운) 何(하) 名(명) 以(이) 深(심) 淨(정) 心(심) 普(보) 照(조) 三(삼)
世(세) 受(수) 生(생) 藏(장) 善(선) 男(남) 子(자) 此(차) 菩(보) 薩(살) 具(구)
清(청) 淨(정) 增(증) 上(상) 心(심) 得(득) 如(여) 來(래) 菩(보) 提(리) 光(광)

사경의 공덕은 십만억 부처님께 공양한 것과 같은 공덕이 있습니다.

入(입)菩(보)薩(살)方(방)便(편)海(해)其(기)心(심)堅(견)固(고)猶(유)
若(약)金(금)剛(강)背(배)捨(사)一(일)切(체)諸(제)有(유)趣(취)生(생)
成(성)就(취)一(일)切(체)佛(불)自(자)在(재)力(력)修(수)殊(수)勝(승)
行(행)具(구)菩(보)薩(살)根(근)其(기)心(심)明(명)潔(결)願(원)力(력)
不(부)動(동)常(상)爲(위)諸(제)佛(불)之(지)所(소)護(호)念(념)破(파)
壞(괴)一(일)切(체)諸(제)障(장)礙(애)山(산)普(보)爲(위)衆(중)生(생)
作(작)所(소)依(의)處(처)是(시)爲(위)菩(보)薩(살)第(제)四(사)受(수)

사경의 공덕은 십만억 부처님께 공양한 것과 같은 공덕이 있습니다.

修 수	大 대	忍 인	捨 사	普 보	藏 장	生 생
習 습	精 정	法 법	住 주	化 화	善 선	藏 장
諸 제	進 진	成 성	佛 불	衆 중	男 남	云 운
禪 선	趣 취	就 취	究 구	生 생	子 자	何 하
得 득	一 일	諸 제	竟 경	一 일	此 차	名 명
普 보	切 체	佛 불	淨 정	切 체	菩 보	平 평
門 문	智 지	法 법	戒 계	所 소	薩 살	等 등
定 정	到 도	忍 인	境 경	有 유	具 구	光 광
淨 정	於 어	光 광	界 계	悉 실	足 족	明 명
智 지	彼 피	明 명	具 구	皆 개	衆 중	受 수
圓 원	岸 안	以 이	足 족	能 능	行 행	生 생

滿以智慧日明照諸法得無
만이지혜일명조제법득무

礙眼見諸佛海悟入一切眞
애안견제불해오입일체진

實法性一切世間見者歡喜
실법성일체세간견자환희

善能修習如實法門是爲菩
선능수습여실법문시위보

薩第五受生藏云何名生如
살제오수생장운하명생여

來家受生藏善男子此菩薩
래가수생장선남자차보살

生如來家隨諸佛住成就一
생여래가수제불주성취일

才 재	應 응	門 문	白 백	諸 제	大 대	切 체
無 무	化 화	入 입	淨 정	如 여	願 원	甚 심
盡 진	淨 정	諸 제	善 선	來 래	得 득	深 심
是 시	諸 제	三 삼	法 법	共 공	一 일	法 법
爲 위	衆 중	昧 매	安 안	一 일	切 체	門 문
菩 보	生 생	見 견	住 주	體 체	佛 불	具 구
薩 살	如 여	佛 불	廣 광	性 성	同 동	三 삼
第 제	問 문	神 신	大 대	具 구	一 일	世 세
六 륙	而 이	力 력	功 공	出 출	善 선	佛 불
受 수	對 대	隨 수	德 덕	世 세	根 근	清 청
生 생	辯 변	所 소	法 법	行 행	與 여	淨 정

藏云何名佛力光明受生藏
善男子此菩薩深入佛力遊
諸佛刹心無退轉供養承事
菩薩衆會無有疲厭了一切
法皆如幻起知諸世間如夢
所見一切色相猶如光影神
通所作皆如變化一切受生

悉皆如影諸佛說法皆如谷

響開示法界咸令究竟是爲

菩薩第七受生藏云何名觀

普智門受生藏善男子此菩

薩住童眞位觀一切智一一

智門盡無量劫開演一切菩

薩所行於諸菩薩甚深三昧

사경의 공덕은 십만억 부처님께 공양한 것과 같은 공덕이 있습니다.

心得自在念念生於十方世
심득자재염념생어십방세

界諸如來所於有差別境入
계제여래소어유차별경입

無差別定於無差別法現有
무차별정어무차별법현유

差別智於無量境知無境界
차별지어무량경지무경계

於少境界入無量境通達法
어소경계입무량경통달법

性廣大無際知諸世間悉假
성광대무제지제세간실가

施設一切皆是識心所起是
시설일체개시식심소기시

爲菩薩第八受生藏云何名
위보살제팔수생장운하명
普現莊嚴受生藏善男子此
보현장엄수생장선남자차
菩薩能種種莊嚴無量佛刹
보살능종종장엄무량불찰
普能化現一切衆生及諸佛
보능화현일체중생급제불
身得無所畏演淸淨法周流
신득무소외연청정법주류
法界無所障礙隨其心樂普
법계무소장애수기심락보
使知見示現種種成菩提行
사지견시현종종성보제행

令生無礙一切智道如是所
영생무애일체지도여시소
作不失其時而常在三昧毘
작불실기시이상재삼매비
盧遮那智慧之藏是爲菩薩
로차나지혜지장시위보살
第九受生藏云何名入如來
제구수생장운하명입여래
地受生藏善男子此菩薩悉
지수생장선남자차보살실
於三世諸如來所受灌頂法
어삼세제여래소수관정법
普知一切境界次第所謂知
보지일체경계차제소위지

사경의 공덕은 십만억 부처님께 공양한 것과 같은 공덕이 있습니다.

一(일)切(체)衆(중)生(생)前(전)際(제)後(후)際(제)歿(몰)生(생)次(차)

第(제)一(일)切(체)菩(보)薩(살)修(수)行(행)次(차)第(제)一(일)切(체)

衆(중)生(생)心(심)念(념)次(차)第(제)三(삼)世(세)如(여)來(래)成(성)

佛(불)次(차)第(제)善(선)巧(교)方(방)便(편)說(설)法(법)次(차)第(제)

亦(역)知(지)一(일)切(체)初(초)中(중)後(후)際(제)所(소)有(유)諸(제)

劫(겁)若(약)成(성)若(약)壞(괴)名(명)號(호)次(차)第(제)隨(수)諸(제)

衆(중)生(생)所(소)應(응)化(화)度(도)爲(위)現(현)成(성)道(도)功(공)

사경의 공덕은 십만억 부처님께 공양한 것과 같은 공덕이 있습니다.

德(덕)莊(장)嚴(엄)神(신)通(통)說(설)法(법)方(방)便(편)調(조)伏(복)

是(시)爲(위)菩(보)薩(살)第(제)十(십)受(수)生(생)藏(장)

佛(불)子(자)菩(보)薩(살)菩(보)薩(살)摩(마)訶(하)薩(살)於(어)此(차)

十(십)法(법)修(수)習(습)增(증)長(장)圓(원)滿(만)成(성)就(취)則(즉)

能(능)於(어)一(일)莊(장)嚴(엄)中(중)現(현)種(종)種(종)莊(장)嚴(엄)

如(여)是(시)莊(장)嚴(엄)一(일)切(체)國(국)土(토)開(개)導(도)示(시)

悟(오)一(일)切(체)衆(중)生(생)盡(진)未(미)來(래)劫(겁)無(무)有(유)

休(류)息(식)演(연)說(설)一(일)切(체)諸(제)佛(불)法(법)海(해)種(종)

種(종)境(경)界(계)種(종)種(종)成(성)熟(숙)展(전)轉(전)傳(전)來(래)

無(무)量(량)諸(제)法(법)現(현)不(부)思(사)議(의)佛(불)自(자)在(재)

力(력)充(충)滿(만)一(일)切(체)虛(허)空(공)法(법)界(계)於(어)諸(제)

衆(중)生(생)心(심)行(행)海(해)中(중)而(이)轉(전)法(법)輪(륜)於(어)

一(일)切(체)世(세)界(계)示(시)現(현)成(성)佛(불)恒(항)無(무)間(간)

斷(단)以(이)不(불)可(가)說(설)淸(청)淨(정)言(언)音(음)說(설)一(일)

切체 法법 住주 無무 量량 處처 通통 達달 無무 礙애 以이

一일 切체 法법 莊장 嚴엄 道도 場량 隨수 諸제 衆중 生생

欲욕 解해 差차 別별 而이 現현 成성 佛불 開개 示시 無무

量량 甚심 深심 法법 藏장 敎교 化화 成성 就취 一일 切체

世세 間간

爾이 時시 嵐람 毘비 尼니 林림 神신 欲욕 重중 明명

其기 義의 以이 佛불 神신 力력 普보 觀관 十시 方방 而이

說頌言 (설송언)

最上離垢清淨心 (최상리구청정심)

見一切佛無厭足 (견일체불무염족)

願盡未來常供養 (원진미래상공양)

此明慧者受生藏 (차명혜자수생장)

一切三世國土中 (일체삼세국토중)

所有衆生及諸佛 (소유중생급제불)

사경의 공덕은 십만억 부처님께 공양한 것과 같은 공덕이 있습니다.

悉願度脫恒瞻奉 (실원도탈항첨봉)
此難思者受生藏 (차난사자수생장)
聞法無厭樂觀察 (문법무염락관찰)
普於三世無所礙 (보어삼세무소애)
身心清淨如虛空 (신심청정여허공)
此名稱者受生藏 (차명칭자수생장)
其心恒住大悲海 (기심항주대비해)

堅如金剛及寶山
견여금강급보산

了達一切種智門
요달일체종지문

此最勝者受生藏
차최승자수생장

大慈普覆於一切
대자보부어일체

妙行常增諸度海
묘행상증제도해

以法光明照群品
이법광명조군품

此雄猛者受生藏
차웅맹자수생장

了達法性心無礙
요달법성심무애

生於三世諸佛家
생어삼세제불가

普入十方法界海
보입십방법계해

此明智者受生藏
차명지자수생장

法身清淨心無礙
법신청정심무애

普詣十方諸國土
보예십방제국토

一切佛力靡不成
일체불력미불성

此不思議受生藏
차부사의수생장

入深智慧已自在
입심지혜이자재

於諸三昧亦究竟
어제삼매역구경

觀一切智如實門
관일체지여실문

此眞身者受生藏
차진신자수생장

淨治一切諸佛土
정치일체제불토

勤修普化衆生法
근수보화중생법

顯現如來自在力
현현여래자재력

此大名者受生藏
차대명자수생장

久已修行薩婆若
구이수행살바야

疾能趣入如來位
질능취입여래위

了知法界皆無礙
요지법계개무애

此諸佛子受生藏
차제불자수생장

善男子菩薩具此十法生
선남자보살구차십법생

如(여)來(래)家(가)爲(위)一(일)切(체)世(세)間(간)清(청)淨(정)光(광)

明(명)善(선)男(남)子(자)我(아)從(종)無(무)量(량)劫(겁)來(래)得(득)

是(시)自(자)在(재)受(수)生(생)解(해)脫(탈)門(문)善(선)財(재)白(백)

言(언)聖(성)者(자)此(차)解(해)脫(탈)門(문)境(경)界(계)云(운)何(하)

答(답)言(언)善(선)男(남)子(자)我(아)先(선)發(발)願(원)願(원)一(일)

切(체)菩(보)薩(살)示(시)受(수)生(생)時(시)皆(개)得(득)親(친)近(근)

願(원)入(입)毘(비)盧(로)遮(자)那(나)如(여)來(래)無(무)量(량)受(수)

生(생)海(해)以(이)昔(석)願(원)力(력)生(생)此(차)世(세)界(계)閻(염)
浮(부)提(제)中(중)嵐(람)毘(비)尼(니)園(원)專(전)念(념)菩(보)薩(살)
何(하)時(시)下(하)生(생)經(경)於(어)百(백)年(년)世(세)尊(존)果(과)
從(종)兜(도)率(솔)陀(타)天(천)而(이)來(래)生(생)此(차)時(시)此(차)
林(림)中(중)現(현)十(십)種(종)相(상)何(하)等(등)爲(위)十(십)一(일)
者(자)此(차)園(원)中(중)地(지)忽(홀)自(자)平(평)坦(탄)坑(갱)坎(감)
搥(추)阜(부)悉(실)皆(개)不(불)現(현)二(이)者(자)金(금)剛(강)爲(위)

具 구	天 천	樹 수	生 생	列 렬	株 주	地 지
行 항	香 향	扶 부	衆 중	其 기	杌 올	衆 중
列 렬	五 오	疏 소	香 향	根 근	三 삼	寶 보
分 분	者 자	蔭 음	芽 아	深 심	者 자	莊 장
布 포	諸 제	映 영	現 현	植 식	寶 보	嚴 엄
處 처	妙 묘	其 기	衆 중	至 지	多 다	無 무
處 처	華 화	諸 제	香 향	於 어	羅 라	有 유
充 충	鬘 만	香 향	藏 장	水 수	樹 수	瓦 와
滿 만	寶 보	氣 기	寶 보	際 제	周 주	礫 력
六 육	莊 장	皆 개	香 향	四 사	帀 잡	荊 형
者 자	嚴 엄	踰 유	爲 위	者 자	行 행	棘 극

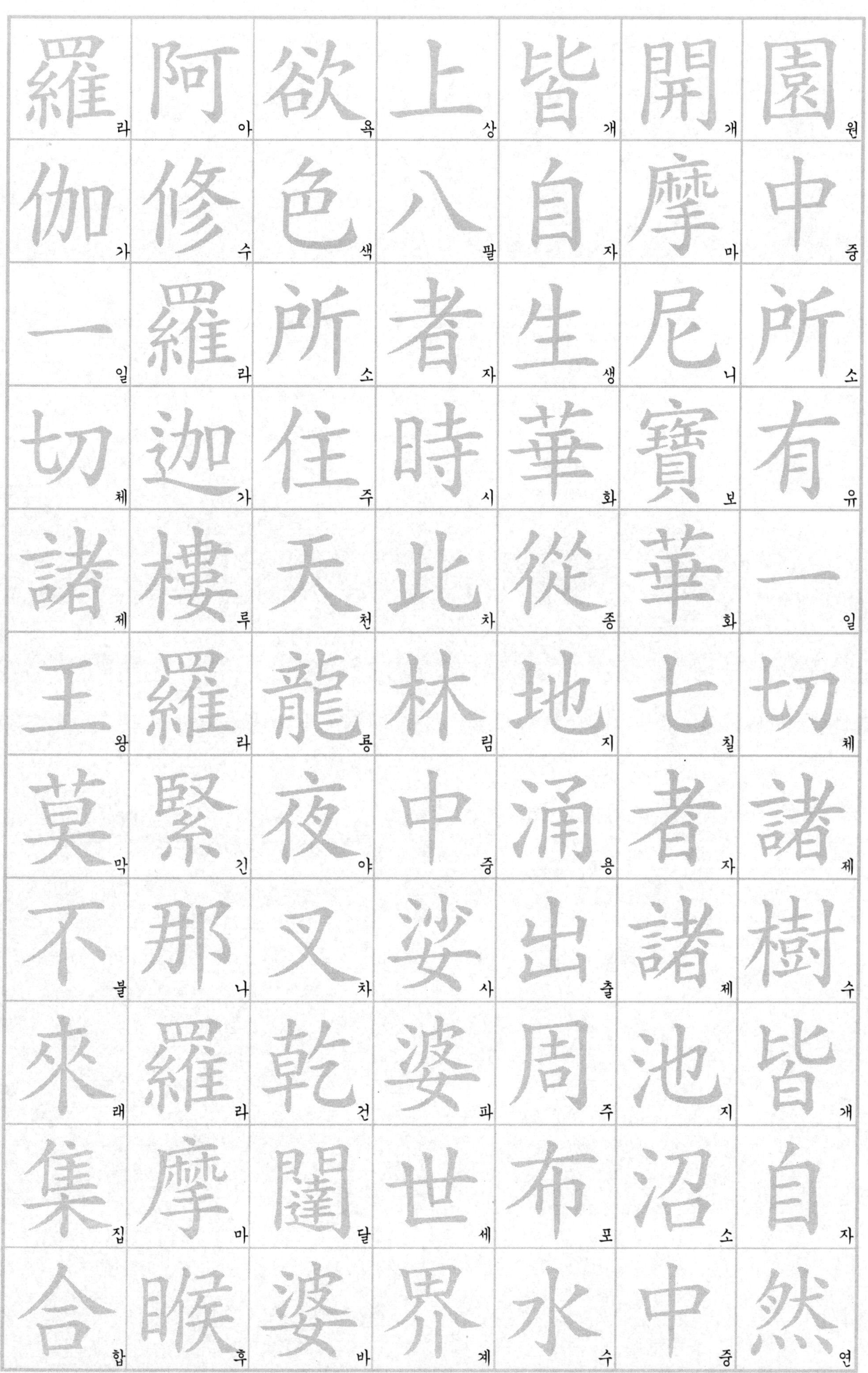
園中所有一切諸樹皆自然
開摩尼寶華七者諸池沼中
皆自生華從地涌出周布水
上八者時此林中娑婆世界
欲色所住天龍夜叉乾闥婆
阿修羅迦樓羅緊那羅摩睺
羅伽一切諸王莫不來集合

원중소유일체제수개자연
개마니보화칠자제지소중
개자생화종지용출주포수
상팔자시차림중사바세계
욕색소주천룡야차건달바
아수라가루라긴나라마후
라가일체제왕막불래집합

掌而住九者此世界中所有 (장이주구자차세계중소유)
天女乃至摩睺羅伽女皆生 (천녀내지마후라가녀개생)
歡喜各各奉持諸供養具向 (환희각각봉지제공양구향)
畢洛叉樹前恭敬而立十者 (필락차수전공경이립십자)
十方一切諸佛臍中皆放光 (시방일체제불제중개방광)
明名菩薩受生自在燈普照 (명명보살수생자재등보조)
此林一一光中悉現諸佛受 (차림일일광중실현제불수)

生(생)誕(탄)生(생)所(소)有(유)神(신)變(변)及(급)一(일)切(체)菩(보)
薩(살)受(수)生(생)功(공)德(덕)又(우)出(출)諸(제)佛(불)種(종)種(종)
言(언)音(음)是(시)爲(위)林(림)中(중)十(십)種(종)瑞(서)相(상)此(차)
相(상)現(현)時(시)諸(제)天(천)王(왕)等(등)卽(즉)知(지)當(당)有(유)
菩(보)薩(살)下(하)生(생)我(아)見(견)此(차)瑞(서)歡(환)喜(희)無(무)
量(량)善(선)男(남)子(자)摩(마)耶(야)夫(부)人(인)出(출)迦(가)毘(비)
羅(라)城(성)入(입)此(차)林(림)時(시)復(부)現(현)十(십)種(종)光(광)

明(명)瑞(서)相(상)令(영)諸(제)衆(중)生(생)得(득)法(법)光(광)明(명)

何(하)等(등)爲(이)十(십)所(소)謂(위)一(일)切(체)寶(보)華(화)藏(장)

光(광)寶(보)香(향)藏(장)光(광)寶(보)蓮(련)華(화)開(개)演(연)出(출)

眞(진)實(실)妙(묘)音(음)聲(성)光(광)十(십)方(방)菩(보)薩(살)初(초)

發(발)心(심)光(광)一(일)切(체)菩(보)薩(살)得(득)入(입)諸(제)地(지)

現(현)神(신)變(변)光(광)一(일)切(체)菩(보)薩(살)修(수)波(파)羅(라)

蜜(밀)圓(원)滿(만)智(지)光(광)一(일)切(체)菩(보)薩(살)大(대)願(원)

사경의 공덕은 십만억 부처님께 공양한 것과 같은 공덕이 있습니다.

智光一切菩薩教化衆生方
便智光一切菩薩證於法界
眞實智光一切菩薩得佛自
在受生出家成正覺光此十
光明普照無量諸衆生心善
男子摩耶夫人於畢洛叉樹
下坐時復現菩薩將欲誕生

十(십)種(종)神(신)變(변)何(하)等(등)爲(위)十(십)善(선)男(남)子(자)
菩(보)薩(살)將(장)欲(욕)誕(탄)生(생)之(지)時(시)欲(욕)界(계)諸(제)
天(천)天(천)子(자)天(천)女(녀)及(급)以(이)色(색)界(계)一(일)切(체)
諸(제)天(천)諸(제)龍(룡)夜(야)叉(차)乾(건)闥(달)婆(바)阿(아)修(수)
羅(라)迦(가)樓(루)羅(라)緊(긴)那(나)羅(라)摩(마)睺(후)羅(라)伽(가)
幷(병)其(기)眷(권)屬(속)爲(위)供(공)養(양)故(고)悉(실)皆(개)雲(운)
集(집)摩(마)耶(야)夫(부)人(인)威(위)德(덕)殊(수)勝(승)身(신)諸(제)

사경의 공덕은 십만억 부처님께 공양한 것과 같은 공덕이 있습니다.

毛모孔공咸함放방光광明명普보照조三삼千천大대
千천世세界계無무所소障장礙애一일切체光광明명
悉실皆개不불現현除제滅멸一일切체衆중生생煩번
惱뇌及급惡악道도苦고是시爲위菩보薩살將장欲욕
誕탄生생第제一일神신變변又우善선男남子자當당
爾이之지時시摩마耶야夫부人인腹복中중悉실現현
三삼千천世세界계一일切체形형像상其기百백億억

一 일	二 이	之 지	現 현	於 어	林 림	閻 염
切 체	神 신	相 상	菩 보	中 중	名 명	浮 부
毛 모	變 변	是 시	薩 살	止 지	號 호	提 제
孔 공	又 우	爲 위	將 장	住 주	不 부	內 내
皆 개	善 선	菩 보	生 생	天 천	同 동	各 각
現 현	男 남	薩 살	不 불	衆 중	皆 개	有 유
如 여	子 자	將 장	可 가	圍 위	有 유	都 도
來 래	摩 마	欲 욕	思 사	遶 요	摩 마	邑 읍
往 왕	耶 야	誕 탄	議 의	悉 실	耶 야	各 각
昔 석	夫 부	生 생	神 신	爲 위	夫 부	有 유
修 수	人 인	第 제	變 변	顯 현	人 인	園 원

사경의 공덕은 십만억 부처님께 공양한 것과 같은 공덕이 있습니다.

欲 욕	如 여	人 인	日 일	如 여	諸 제	行 행
誕 탄	來 래	身 신	月 월	明 명	佛 불	菩 보
生 생	往 왕	諸 제	星 성	鏡 경	及 급	薩 살
第 제	昔 석	毛 모	宿 숙	及 급	聞 문	道 도
三 삼	因 인	孔 공	雲 운	以 이	諸 제	時 시
神 신	緣 연	亦 역	雷 뢰	水 수	佛 불	恭 공
變 변	是 시	復 부	等 등	中 중	說 설	敬 경
又 우	爲 위	如 여	像 상	能 능	法 법	供 공
善 선	菩 보	是 시	摩 마	現 현	音 음	養 양
男 남	薩 살	能 능	耶 야	虛 허	聲 성	一 일
子 자	將 장	現 현	夫 부	空 공	譬 비	切 체

摩耶夫人身諸毛孔一一皆
마야부인신제모공일일개

現如來往修菩薩行時所住
현여래왕수보살행시소주

世界城邑聚落山林河海衆
세계성읍취락산림하해중

生劫數値佛出世入淨國土
생겁수치불출세입정국토

隨所受生壽命長短依善知
수소수생수명장단의선지

識修行善法於一切剎在在
식수행선법어일체찰재재

生處摩耶夫人常爲其母如
생처마야부인상위기모여

사경의 공덕은 십만억 부처님께 공양한 것과 같은 공덕이 있습니다.

是一切於毛孔中靡不皆現
是爲菩薩將欲誕生第四神
變又善男子摩耶夫人一一
毛孔顯現如來往昔修行菩
薩行時隨所生處色相形貌
衣服飮食苦樂等事一一普
現分明辯了是爲菩薩將欲

如 여	邑 읍	手 수	捨 사	世 세	耶 야	誕 탄
是 시	宮 궁	足 족	頭 두	尊 존	夫 부	生 생
一 일	殿 전	血 혈	目 목	往 왕	人 인	第 제
切 체	衣 의	肉 육	耳 이	昔 석	身 신	五 오
內 재	服 복	筋 근	鼻 비	修 수	諸 제	神 신
外 외	瓔 영	骨 골	脣 순	施 시	毛 모	變 변
諸 제	珞 락	男 남	舌 설	行 행	孔 공	又 우
物 물	金 금	女 녀	牙 아	時 시	一 일	善 선
亦 역	銀 은	妻 처	齒 치	捨 사	一 일	男 남
見 견	寶 보	妾 첩	身 신	所 소	皆 개	子 자
受 수	貨 화	城 성	體 체	難 난	現 현	摩 마

者形貌音聲及其處所是爲
자형모음성급기처소시위

菩薩將欲誕生第六神變又
보살장욕탄생제륙신변우

善男子摩耶夫人入此園時
선남자마야부인입차원시

其林普現過去所有一切諸
기림보현과거소유일체제

佛入母胎時國土園林衣服
불입모태시국토원림의복

華鬘塗香末香幡繒幢蓋一
화만도향말향번증당개일

切衆寶莊嚴之事妓樂歌詠
체중보장엄지사기악가영

사경의 공덕은 십만억 부처님께 공양한 것과 같은 공덕이 있습니다.

上상 妙묘 音음 聲성 令영 諸제 衆중 生생 普보 得득 見견

聞문 是시 爲위 菩보 薩살 將장 誕탄 生생 時시 第제 七칠

神신 變변 又우 善선 男남 子자 摩마 耶야 夫부 人인 入입

此차 園원 時시 從종 其기 身신 出출 菩보 薩살 所소 住주

摩마 尼니 寶보 王왕 宮궁 殿전 樓루 閣각 超초 過과 一일

切체 天천 龍룡 夜야 叉차 乾건 闥달 婆바 阿아 修수 羅라

迦가 樓루 羅라 緊긴 那나 羅라 摩마 睺후 羅라 伽가 及급

사경의 공덕은 십만억 부처님께 공양한 것과 같은 공덕이 있습니다.

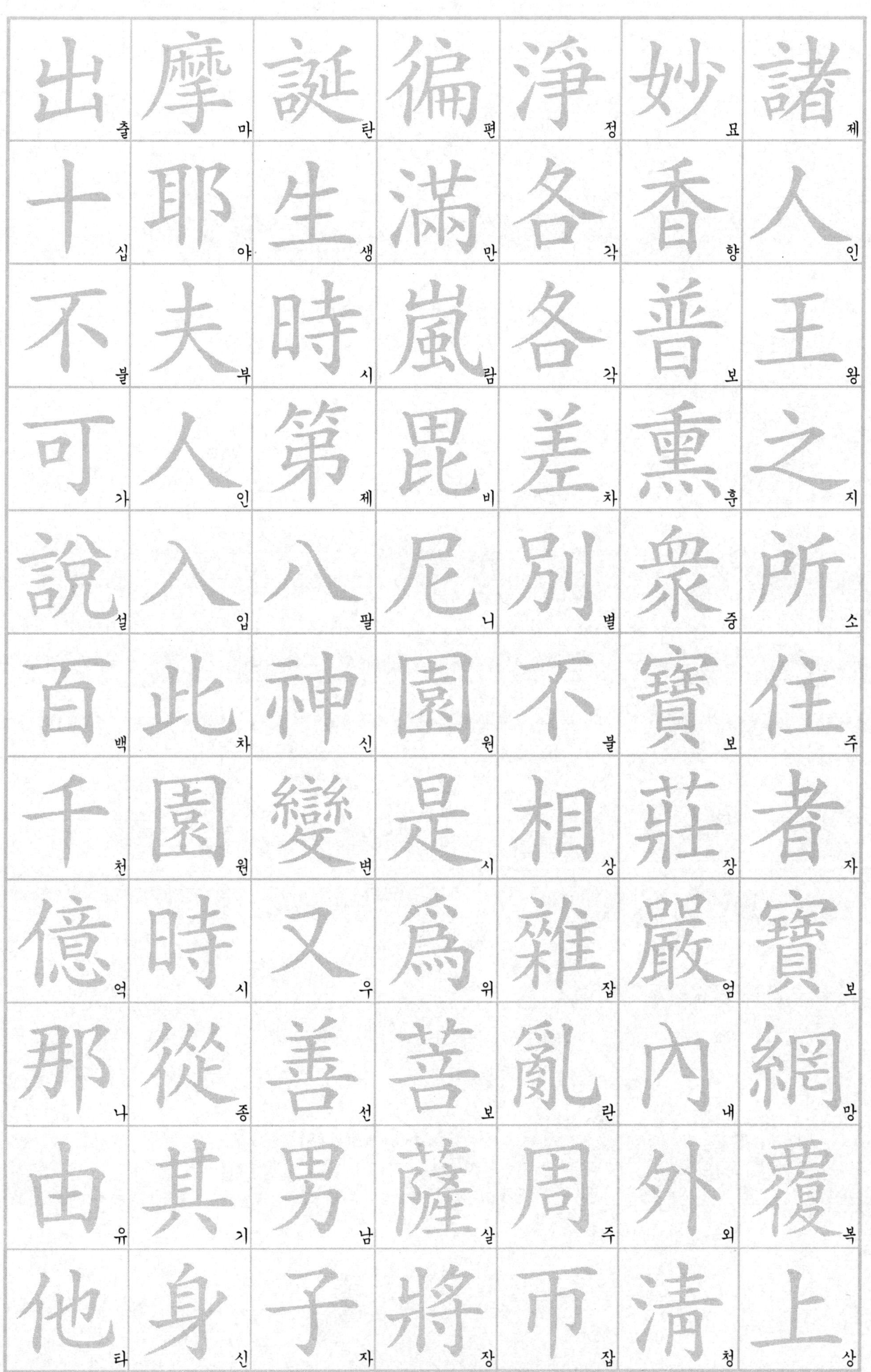

諸人王之所住者寶網覆上
제인왕지소주자보망복상

妙香普熏衆寶莊嚴內外清
묘향보훈중보장엄내외청

淨各各差別不相雜亂周帀
정각각차별불상잡란주잡

徧滿嵐毘尼園是爲菩薩將
편만람비니원시위보살장

誕生時第八神變又善男子
탄생시제팔신변우선남자

摩耶夫人入此園時從其身
마야부인입차원시종기신

出十不可說百千億那由他
출십불가설백천억나유타

佛剎微塵數菩薩其諸菩薩
불찰미진수보살기제보살

身形容貌相好光明進止威
신형용모상호광명진지위

儀神通眷屬皆與毘盧遮那
의신통권속개여비로자나

菩薩等無有異悉共同時讚
보살등무유리실공동시찬

歎如來是爲菩薩將誕生時
탄여래시위보살장탄생시

第九神變又善男子摩耶夫
제구신변우선남자마야부

人將欲誕生菩薩之時忽於
인장욕탄생보살지시홀어

其前從金剛際出大蓮華名
기전종금강제출대련화명

爲一切寶莊嚴藏金剛爲莖
위일체보장엄장금강위경

衆寶爲鬚如意寶王以爲其
중보위수여의보왕이위기

臺有十佛刹微塵數葉一切
대유십불찰미진수엽일체

皆以摩尼所成寶網寶蓋以
개이마니소성보망보개이

覆其上一切天王所共執持
복기상일체천왕소공집지

一切龍王降注香雨一切夜
일체룡왕강주향우일체야

사경의 공덕은 십만억 부처님께 공양한 것과 같은 공덕이 있습니다.

歡 환	幡 번	敬 경	切 체	菩 보	切 체	叉 차
喜 희	徧 변	禮 례	阿 아	薩 살	乾 건	王 왕
瞻 첨	滿 만	一 일	修 수	往 왕	闥 달	恭 공
仰 앙	虛 허	切 체	羅 라	昔 석	婆 바	敬 경
歌 가	空 공	迦 가	王 왕	供 공	王 왕	圍 위
詠 영	一 일	樓 루	捨 사	養 양	出 출	遶 요
讚 찬	切 체	羅 라	憍 교	諸 제	微 미	散 산
歎 탄	緊 긴	王 왕	慢 만	佛 불	妙 묘	諸 제
菩 보	那 나	垂 수	心 심	功 공	音 음	天 천
薩 살	羅 라	寶 보	稽 계	德 덕	歌 가	華 화
功 공	王 왕	繒 증	首 수	一 일	讚 찬	一 일

사경의 공덕은 십만억 부처님께 공양한 것과 같은 공덕이 있습니다.

德(덕)一(일)切(체)摩(마)睺(후)羅(라)伽(가)王(왕)皆(개)生(생)歡(환)
喜(희)歌(가)詠(영)讚(찬)歎(탄)普(보)雨(우)一(일)切(체)寶(보)莊(장)
嚴(엄)雲(운)是(시)爲(위)菩(보)薩(살)將(장)誕(탄)生(생)時(시)第(제)
十(십)神(신)變(변)善(선)男(남)子(자)嵐(람)毘(비)尼(니)園(원)示(시)
現(현)如(여)是(시)十(십)種(종)相(상)已(이)然(연)後(후)菩(보)薩(살)
其(기)身(신)誕(탄)生(생)如(여)虛(허)空(공)中(중)現(현)淨(정)日(일)
輪(륜)如(여)高(고)山(산)頂(정)出(출)於(어)慶(경)雲(운)如(여)密(밀)

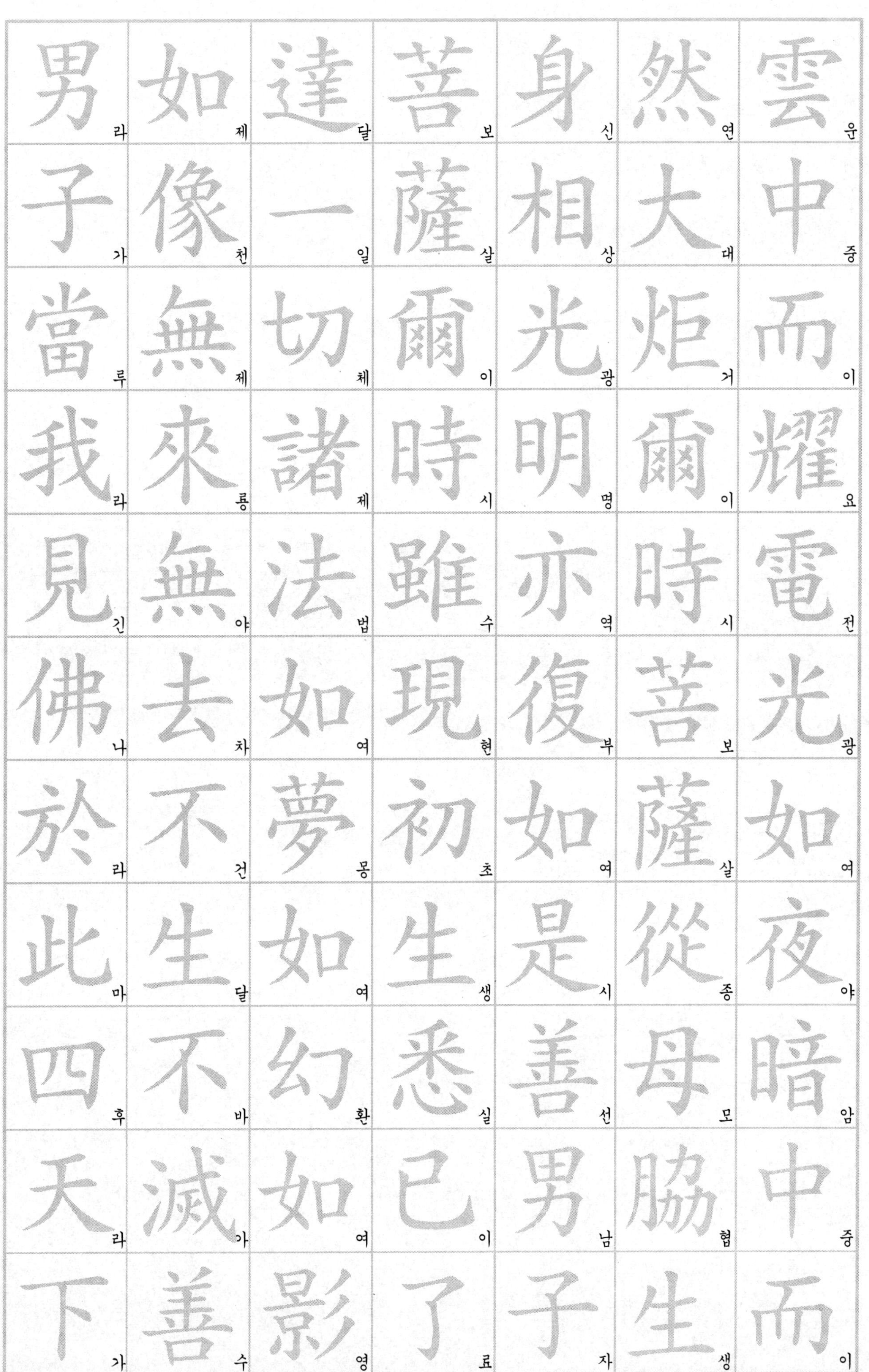

사경의 공덕은 십만억 부처님께 공양한 것과 같은 공덕이 있습니다.

閻浮提內嵐毘尼園示現初
生種種神變時亦見如來於
三千大千世界百億四天下
閻浮提內嵐毘尼園中示現
初生種種神變亦見三千大
千世界一一塵中無量佛刹
亦見百佛世界千佛世界乃

병기권속위공양고실개운
집마야부인위덕수승신제
모공함방광명보조삼천대
천세계무소장애일체광명
실개불현제멸일체중생번
뇌급악도고시위보살장옥
탄생제일신변우선남자당

사경의 공덕은 십만억 부처님께 공양한 것과 같은 공덕이 있습니다.

至十方一切世界一一塵中
이지시마야부인복중실현

無量佛剎如是一切諸佛剎
무량불찰여시일체제불찰

中皆有如來示現受生種種
중개유여래시현수생종종

神變如是念念常無間斷
신변여시념념상무간단

時善財童子白彼神言大
시선재동자백피신언대

天得此解脫其已久如答言
천득차해탈기이구여답언

善男子乃往古世過億佛剎
선남자내왕고세과억불찰

사경의 공덕은 십만억 부처님께 공양한 것과 같은 공덕이 있습니다.

微塵數劫復過是數時有世
界名爲普寶劫名悅樂八十
那由他佛於中出現其第一
佛名自在功德幢十號具足
彼世界中有四天下名妙光
莊嚴世界其四天下閻浮提中有
一王都名須彌莊嚴幢其中

有王名寶焰眼其王夫人名
유왕명보염안기왕부인명

曰喜光善男子如此世界摩
왈희광선남자여차세계마

耶夫人爲毘盧遮那如來之
야부인위비로자나여래지

母彼世界中喜光夫人爲初
모피세계중희광부인위초

佛母亦復如是善男子其喜
불모역부여시선남자기희

光夫人將欲誕生菩薩之時
광부인장욕탄생보살지시

與二十億那由他婇女詣金
여이십억나유타채녀예금

華園園中有樓名妙寶峯其
화원원중유루명묘보봉기

邊有樹名一切施喜光夫人
변유수명일체시희광부인

攀彼樹枝而生菩薩諸天王
반피수지이생보살제천왕

衆各持香水共以洗沐時有
중각지향수공이세목시유

乳母名爲淨光侍立其側旣
유모명위정광시립기측기

洗沐已諸天王衆授與乳母
세목이제천왕중수여유모

乳母敬受生大歡喜卽得菩
유모경수생대환희즉득보

사경의 공덕은 십만억 부처님께 공양한 것과 같은 공덕이 있습니다.

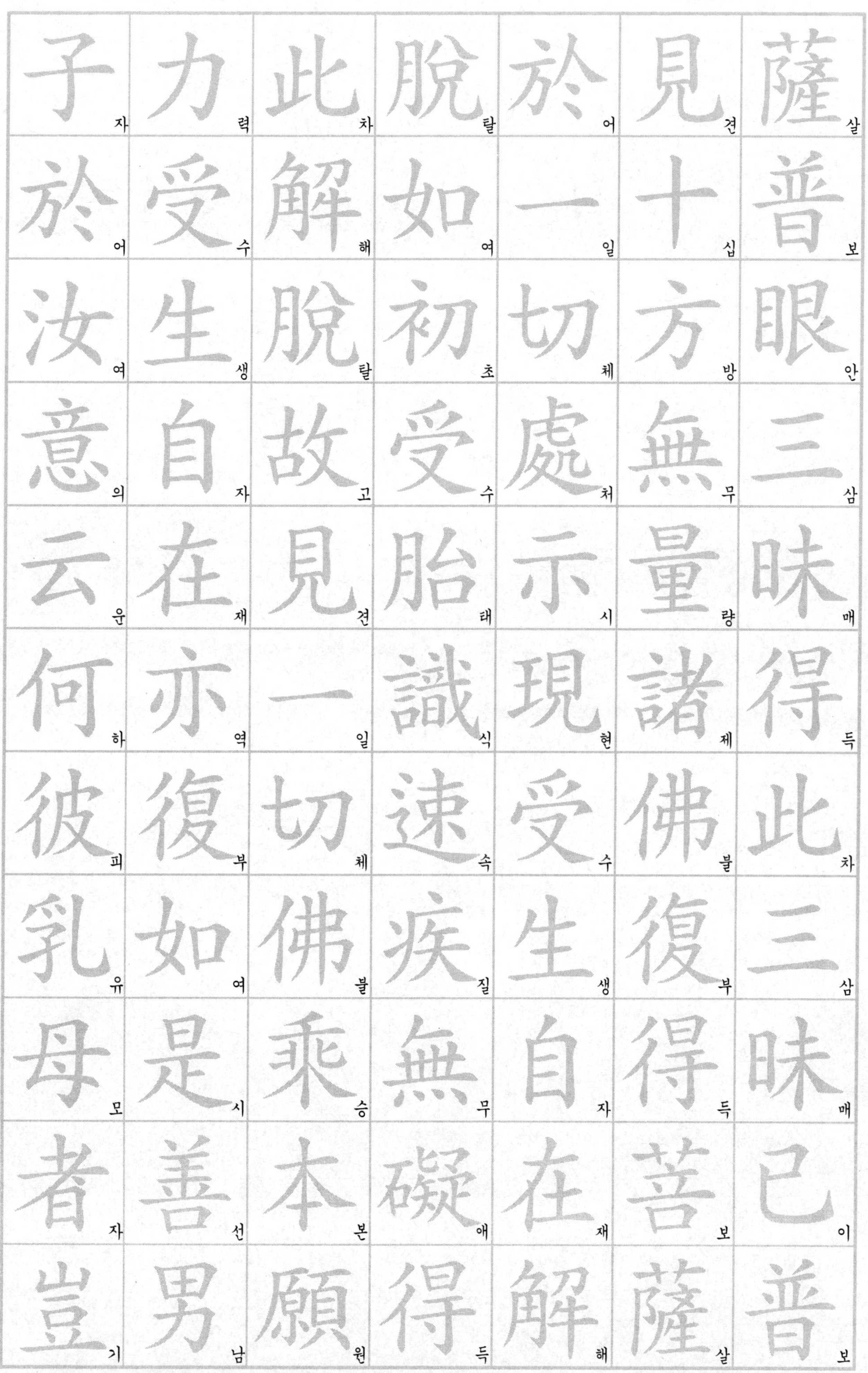

薩(살)普(보)眼(안)三(삼)昧(매)得(득)此(차)三(삼)昧(매)已(이)普(보)
見(견)十(십)方(방)無(무)量(량)諸(제)佛(불)復(부)得(득)菩(보)薩(살)
於(어)一(일)切(체)處(처)示(시)現(현)受(수)生(생)自(자)在(재)解(해)
脫(탈)如(여)初(초)受(수)胎(태)識(식)速(속)疾(질)無(무)礙(애)得(득)
此(차)解(해)脫(탈)故(고)見(견)一(일)切(체)佛(불)乘(승)本(본)願(원)
力(력)受(수)生(생)自(자)在(재)亦(역)復(부)如(여)是(시)善(선)男(남)
子(자)於(어)汝(여)意(의)云(운)何(하)彼(피)乳(유)母(모)者(자)豈(기)

異人乎我身是也我從是來
이인호아신시야아종시래

念念常見毘盧遮那佛示現
염념상견비로자나불시현

菩薩受生海調伏衆生自在
보살수생해조복중생자재

神力如見毘盧遮那佛乘本
신력여견비로자나불승본

願力念念於此三千大千乃
원력염념어차삼천대천내

至十方一切世界微塵之內
지시방일체세계미진지내

皆現菩薩受生神變見一切
개현보살수생신변견일체

佛(불)悉(실)亦(역)如(여)是(시)我(아)皆(개)恭(공)敬(경)承(승)事(사)
供(공)養(양)聽(청)所(소)說(설)法(법)如(여)說(설)修(수)行(행)時(시)
嵐(람)毘(비)尼(니)林(림)神(신)欲(욕)重(중)宣(선)此(차)解(해)脫(탈)
義(의)承(승)佛(불)神(신)力(력)普(보)觀(관)十(십)方(방)而(이)說(설)
頌(송)言(언)

佛(불)子(자)汝(여)所(소)問(문)
諸(제)佛(불)甚(심)深(심)境(경)

汝(여)今(금)應(응)聽(청)受(수)
我(아)說(설)其(기)因(인)緣(연)

사경의 공덕은 십만억 부처님께 공양한 것과 같은 공덕이 있습니다.

過億刹塵劫 과억찰진겁
八十那由他 팔십나유타
最初如來號 최초여래호
我在金華園 아재금화원
我時爲乳母 아시위유모
諸天授與我 제천수여아
我時疾捧持 아시질봉지

有劫名悅樂 유겁명열락
如來出興世 여래출흥세
自在功德幢 자재공덕당
見彼初生日 견피초생일
智慧極聰利 지혜극총리
菩薩金色身 보살금색신
諦觀不見頂 체관불견정

身相皆圓滿
신상개원만

離垢清淨身
이구청정신

譬如妙寶像
비여묘보상

思惟彼功德
사유피공덕

見此神通事
견차신통사

專求佛功德
전구불공덕

嚴淨一切剎
엄정일체찰

一一無邊際
일일무변제

相好以莊嚴
상호이장엄

見已自欣慶
견이자흔경

疾增衆福海
질증중복해

發大菩提心
발대보리심

增廣諸大願
증광제대원

滅除三惡道
멸제삼악도

사경의 공덕은 십만억 부처님께 공양한 것과 같은 공덕이 있습니다.

盡持其法輪 (진지기법륜)
我於一念頃 (아어일념경)
一一有如來 (일일유여래)
刹內悉有佛 (찰내실유불)
各現不思議 (각현부사의)
或見不思議 (혹견부사의)
住於天宮上 (주어천궁상)

增明此解脫 (증명차해탈)
見此刹塵中 (견차찰진중)
所淨諸刹海 (소정제찰해)
園中示誕生 (원중시탄생)
廣大神通力 (광대신통력)
億刹諸菩薩 (억찰제보살)
將證佛菩提 (장증불보리)

사경의 공덕은 십만억 부처님께 공양한 것과 같은 공덕이 있습니다.

無무量량刹찰海해中중
說설法법衆중圍위遶요
一일念념見견億억刹찰
出출家가趣취道도場장
我아見견刹찰塵진內내
各각現현諸제方방便편
一일切체微미塵진中중

諸제佛불現현受수生생
於어此차我아皆개見견
微미塵진數수菩보薩살
示시現현佛불境경界계
無무量량佛불成성道도
度도脫탈苦고衆중生생
諸제佛불轉전法법輪륜

我 아	不 부	而 이	如 여	悉 실	億 억	悉 실
悉 실	思 사	我 아	是 시	見 견	刹 찰	以 이
現 현	議 의	悉 실	無 무	於 어	微 미	無 무
其 기	刹 찰	分 분	量 량	如 여	塵 진	盡 진
前 전	海 해	身 신	刹 찰	來 래	數 수	音 음

雨 우	無 무	現 현	如 여	示 시	一 일	普 보
於 어	量 량	前 전	來 래	現 현	一 일	雨 우
大 대	趣 취	興 흥	示 시	般 반	刹 찰	甘 감
法 법	差 차	供 공	誕 탄	涅 열	塵 진	露 로
雨 우	別 별	養 양	生 생	槃 반	內 내	法 법

佛子我知此　難思解脫門
불자아지차　난사해탈문

無量億劫中　稱揚不可盡
무량억겁중　칭양불가진

善男子我唯知此菩薩於
선남자아유지차보살어

無量劫徧一切處示現受生
무량겁변일체처시현수생

自在解脫如諸菩薩摩訶薩
자재해탈여제보살마하살

能以一念爲諸劫藏觀一切
능이일념위제겁장관일체

法以善方便而現受生周徧
법이선방편이현수생주편

사경의 공덕은 십만억 부처님께 공양한 것과 같은 공덕이 있습니다.

供養一切諸佛究竟通達一
공양일체제불구경통달일

切佛法於一切趣皆現受生
체불법어일체취개현수생

一切佛前坐蓮華座知諸衆
일체불전좌연화좌지제중

生應可度時爲現受生方便
생응가도시위현수생방편

調伏於一切剎現諸神變猶
조복어일체찰현제신변유

如影像悉現其前我當云何
여영상실현기전아당운하

能知能說彼功德行善男子
능지능설피공덕행선남자

此(차)迦(가)毘(비)羅(라)城(성)有(유)釋(석)種(종)女(녀)名(명)曰(왈)
瞿(구)波(파)汝(여)詣(예)彼(피)問(문)菩(보)薩(살)云(운)何(하)於(어)
生(생)死(사)中(중)教(교)化(화)衆(중)生(생)時(시)善(선)財(재)童(동)
子(자)頂(정)禮(례)其(기)足(족)遶(요)無(무)數(수)帀(잡)慇(은)懃(근)
瞻(첨)仰(앙)辭(사)退(퇴)而(이)去(거)

發 願 文

귀의 삼보하옵고

거룩하신 부처님께 발원하옵나이다.

주 소 :

전 화 : 불명 : 성명 :

불기 25 년 월 일